Viel Lachen wünscht

Alfred Graf

Schlawiner und Schlawuzi

– Witziges & Würziges –

Humorvolle Zeichnungen von Erich Fiedler

CIP-Titelaufnahme der Deutschen Bibliothek

Alfred Graf
„Schlawiner und Schlawuzi“:
Witziges & Würziges / Alfred Graf.
Humorvolle Zeichnungen von Erich Fiedler. - Trostberg: Erdl, 2003
1. Auflage
ISBN 3-925 249-58-3

Printed in Germany
Satz und Druck: Alois Erdl KG, Trostberg
Adresse des Verfassers:
Alfred Graf, Hochfellnstraße 11
D-83308 Trostberg, Tel./Fax 0 86 21/29 04
eMail: Alf-Luc.Graf@t-online.de

Leitgedanken

Jeder Mensch lacht gern ... besonders über andere.

Die Lust
zum Spötteln und zum Frotzeln,
zum Leit- und Zeit-Dabläcka,
und die Lust,
Witziges zu hören, zu lesen und zu erzählen,
liegt nicht nur uns Bayern besonders im Blut.

In dem vorliegenden Büchlein finden Sie
in über 50 kleinen Geschichten
Witziges & Würziges
zum staad Lesen und Vorlesen:

Da denken, reden und handeln

boarische Lausbuam und Lausdirndln
Tschamstara und Gschpusi
Freind und Freinderl
Schlawiner und Schlawuzi
Schweindl und Huzifackl
und
damische Leit in a damischn Zeit.

Wer die hier angebotenen Texte durch einfühlsame Gestik und Mimik und mit sich wandelnder Stimme in kleine boarische Einakter verwandelt, wird viele lachende Zuhörer und Zuschauer erleben.

Und genau das ist mein Wunsch:
Menschen zum Lachen zu bringen.

Alfred Graf

Inhalt

Lausbuam und Lausdirndln

Tschamstara und Gschpusi

Freind und Freinderl

Schlawiner und Schlawuzi

Schweindl und Huzifackl

Damische Leit in a damischn Zeit

Lausbuam
und
Lausdirndln

Zum Lehrer muss ich „Sie“ sagen

„Jetzt sagst scho wieder ‚du‘ zu mir.
Mein lieber Hansi, merke dir,
schreib 50-mal – bis in zwei Tagen –:
‚Sie‘ muss ich zum Lehrer sagen!“

Da Hansi mag sein oidn Lehrer.
Er hockt si hi und schreibt vui mehrer:
100-mal in schöner Schrift.
Der Lehrer kommt und zählt und prüft.

„Ja Hansi, sag, was hast´n triebn?
Warum hast du dees so oft gschriebn?“
„Mei“, moant er, „woaßt, i sag net mehra,
weilst as du bist, liaba Lehra.“

Vögel
unserer Heimat
2003

A gscheids Maderl

Da Lehrer fahrt mi´m Zug in d´ Stadt.
Er suacht an Platz. Da siehgt er grad
a Diandl mit a vier, fünf Jahr, so ganz alloa,
... da muass er si doch zuawi doa.

„Ja, griaß di!“ sagt er, „konnst net rucka,
dann kunnt i mi zu dir hi hucka.“
Sie rutscht auf d´ Seitn, schaugt recht scheu,
´s Alloa-mi´m-Zugfahrn is ihr neu.

„Jetzt sag amoi“, fragt drauf da Lehrer,
„du bist fünf Jahr ... oder scho mehrer?“
„Sechse bin i heier worn“, sagt ´s Annerl rass,
„i geh aa scho in d´ erschte Klass.”

„Und i bin vierzge - dees is vui,
und i geh oiwei no in d´ Schui.
Jetzt rat amoi, wia ko dees sei,
denk nach, dann foit da scho was ei!“

„Mit vierzge no in d´ Schui - geh weida!
Wahrscheinli bist a Huckableiba.“

Da Pfarrer in da Bauernschui

Da Pfarrer in da Bauernschui,
der schmatzt so lang und woaß so vui.
Heit hat er lang vom Himme gredt,
mi´m Zuahörn aber is´s a Gfrett.

Bloß ´s Marerl hat an Finger drobn
- d´ letzt Woch is ihra Oma gstorbn -
„Herr Pfarrer“, sagt´s, „i woaß ganz gwieß,
dass d´ Oma jetzt a Engerl is.“

„Guad“, sagt da Pfarrer, „du bist schlau,
a Engerl werd aus mancher Frau.
Und was werd sei, wenn mehra sterbn?
Wern de alle Engerl wern?“

„Freili“, moant ´s Marerl, „dees is klar,
dees werd a ganze Engelschar.“
„Und“, fragt da Pfarrer, „was wird werden,
wenn alle Frauen sterben werden?

Ich frage nochmals, was wird werden?“
Da Bertl schreit: „Friede auf Erden.“

Wumba, wumba, hi, ehem

„Wumba, wumba, hi, ehem,
glei werd´s was zum Mampfn gebn“,
so plärrt die Kanibalen-Mama,
de Kinder ruckan langsam z´samma.

Da Papa rührt no oamoi um:
Bubbl, babbl bruzzlt´s rum.
Da Bua huckt da und schaugt recht grantig.
„Da, nimm a Trumm, sunst werd i hantig!“

„Na, i mag net“, sagt da Bua,
„vom Menschnfressn hab i gnua.
Mia is da Appetit vaganga,
i werd ma jetzt an Affn fanga.

Du schickst mi jedn Tag in d´ Schui,
du woaßt doch, dass i dees net wui.
Den oidn Lehra mag i net,
sei Fragerei und sei bläds G´red.“

„Was sagst? Du magst´n net dein Lehra?
Jetzt isst a Trumm, dann sag i mehra.
Jetzt werd net gmotzt, nix wegga glegt,
probier´n zerscht, wia guad der schmeckt.“

Erich Fiedler
2003

Drei kloane Maderl in Not

De oa hat Leis, de ander Fläh,
de dritt ziagt dauernd ´s Rotz in d´ Häh.
De erschtn zwoa, de juckt´s im Gwand,
was soins bloß doa, dass neamad spannt?

Da hat de oa mit ihre Fläh
a raffinierte Kratz-Idä:
„Schaugts her: I hab a ganz nei´s Gwand!”
(...mit de zwoa Händ kratzts umanand)
„Da san Foitn, da is ´s Tascherl
und da hintn is a Mascherl.”

De ander mit de hundert Leis
schaugt zua und woaß dann aa was Nei´s:
„Da san Lockerl, da der Zopf,
und hint dro is da dicke Schopf,
ja, mei Frisur is wunderbar.“
(...und dauernd wuschlts in de Haar).

De dritt - mi´m Rotz - huckt in der Mittn,
schaugt rechts, schaugt links und hat recht g´littn.
De staade Rotz-Aufziahgarei
geht manchmoi, aber net oiwei.

„Du hast was Guads und du nix Schlechts“
- sie deit nach links, sie deit nach rechts -
(...und beim Hin- und Umideitn
wischts mit de Händ dees Rotz auf d´ Seitn).

Da Papa is gscheida

„Du isst jetzt auf!" schreit d´ Mama wuid,
„g´gessn werd, sunst werd net gspuit.
Griasbrei macht gscheid, dees woaß doch jeder,
sunst bleibst ganz gwieß da Allerbläder."

„Schrei doch dein Buam net so scharf o",
schimpft da Papa und fangt o
zum Redn, ganz gscheid und ohne Zorn:
„Woaßt, d´ Erziahgarei is anderscht worn:

Kinder müassn nix mehr doa,
de derfan auswähln ganz alloa,
obs dees woin oder jenes,
und diese Freiheit is was Scheenes."

„Oida Schmatzer", sagt sei Wei,
„dann mach´s hoit du, der mag koan Brei,
hoakli is er, ´s Mei bleibt zua,
und er hat Hunger, gibt koa Ruah."

Da Papa schaugt den Bubi o
und hat recht feierlich dann do:
„I mag net plärrn, net schimpfa, fluacha,
du konnst as jetzat aussa suacha:

Isst du den Brei ganz ohne Motzn
oder möchst vielleicht ... a Fotzn
oder a Watschn oder Schelln,
dann konnst dees Muas auf d´ Seitn stelln."

A Rotzbua

Da Sepperl is a kloana Bua,
der schaugt im Zug an Mo so zua,
wia der Zeitung liest. – Ui jä! –,
da ziagt da Sepperl ´s Rotz in d´ Häh.

Da feine Herr, der schaugt jetzt her,
so über d´ Bruin a wenge quer.
Da Sepperl traut si nimmer rotzn,
da feine Herr, der kunnt ja motzn.

Da feine Herr liest endli weida.
Da Bua werd raffiniert und gscheida:
Er huast und gachezt drin im Kragn
... und nebnbei werd dees Rotz ei´zogn.

Da Herr hat´s gspannt und fragt aa glei:
„Hast du kein Taschentuch dabei?“
„Jojo, i hab oans“, sagt da Sepperl:
„Bloß,
i leich´s net her, i bin koa Depperl.”

Tschamstara
und
Gschpusi

Da Luggi, ein Vorbild

De Kathl is a fesche Witwe.
Jetzt suachts an Mo, na endli, bitte.
„I brauch an Dürren“, - und sie lacht - :
„I hab was vor, heit in da Nacht.“

Da hockt da Luggi, ganz a Kloana,
zaundürr und gfoitert, nix wia Boana.
Dees Grischperl mächts, sie gibt koa Ruah:
Dürre Wadl, Boaling gnua.

Nach fünf, sechs Maß da ziagts´n hoam.
Er stolpert, glotzt, ´s Mei voller Foam.
„Jetzt ziag di aus – und hock di nieder
und wart a weng – i kimm glei wieder.“

Und draußn is´s. – Es dauert lang,
dann hört er Kinder draußt am Gang.
De Tür geht auf, de Kathl schreit:
„Aufsteh, Luggi – es is Zeit!“

„Kinder, schaugts´n o, den Mo,
da is hint und vorn nix dro.
Der is zaundürr ... und wissts warum?
Zum richtig Essn is er z´dumm.

Hoakli war er scho ois Bua,
kaam fangt er o, dann hat er gnua.
Nix mag er, wisst´s, dees is net schee,
und sein Spinat, den lasst er steh.

Er stochert rum, verziagt sei Gfrieß,
weil eahm gar nix guad gnua is.
Jetzt gehts ins Bett und reißts eich z´samma
und traamts recht schee vom Boandlkramer!"

Du Rindviech!

Holz hacka duat da Meier Günter
– der is a Plager und a Schinter -
wuid haut er drauf mi´m großn Hacke,
grod kracha duat´s - so ruckezacke!

Sei Weibi schleicht vo hintn zuara,
sie redt koa Wort, sie duat koan Muarra.
Er hats net ghört, er hats net gsehng,
bumsdrara - da war´s scho gschehng:

Er hats am Kopf gstroaft - sappradi - ,
sie duat an Schroa und dann foits hi.
Sei Schreck werd schlimm und oiwei schlimmer:
„Mach d´ Augn auf, Sopherl, kennst mi nimmer?“

Dann, Gott sei Dank vadrahts de Augn:
„Du Rindviech!“ stöhnts, ...sie ko kaam schaugn.
Er jubiliert und kniat si nieder:
„‚Rindviech‘ hats gsagt - sie kennt mi wieder.“

I suachat an Mo

I suachat an Mo,
koan Baazi, koan Lump,
der was hat, der was ko,
koa Graffe und Glump.

Dekoltiert bin i ganga,
an Busn in d´ Häh,
sei Gschau woit i fanga,
da bleibt er glatt steh.

Dann fragt mi der Ramme,
- i hör gar net hi -,
fragt der saubläde Hamme:
„Hast a Feier für mi?"

A Auto bleibt steh,
an Prooz siehg i winga,
da fragt mi da Schee:
„Hä, geht´s da nach Minga?"

Und dann hab i tanzt
mit am Wuidling, an wuidn,
hab mi fest zuri gwanzt,
da redt er vo Schuidn!

De Gloiffe, de Lackl,
de san hoit so bläd
und manche san Fackl,
redn gschert, wia´s grad geht.

Schluss mit dem Geplapper,
vielleicht wissats ma oan,
i brauchat an Vadda,
für de fünf Schrazn dahoam.

Du Bluatsaugerin

Zaundürr und gierig nach´m Bluat
is d´ Staunzn und sie siehgt recht guad.
In da Nacht um hoibe drei,
da schaugts amoi beim Paul vorbei.

Zerscht stichts´n vorn in d´ Nasn,
da grunzt er und duat blasn,
dann suzlts drobn am Hirn,
„pätsch“ macht´s auf da Birn.

Da a Suzler,
dort a Wuzler,
da a Klatsch,
dort a Platsch.

Dees Luada sticht in oana Tour,
jetzt werd´s eahm zvui, jetzt hat er gnua,
jetzt werd er wuid, hupft aus´m Bett,
denn mit de Staunzn is´s a Gfrett.
Im Hemad hupft er umanand
und schlagt dann mit da Hand an d´ Wand

(... und er plärrt:)

„Bluatsaugerin, elendige,
du Schintermatz, lebendige,
Leittratzerin, du suzlerte,
du Schintergurgl, wuzlerte!“

(... und da schreit sie:)

„Paul, sei staad und leg di hi!
De Nachbarn moanan, du schimpfst mi.“

Goldene Hochzeit

„Fuchzg Jahr bin i jetzt scho dei Frau
... und i erinner mi genau,
wiasd´ frühra gwen bist, - woaßt as no? -,
a liaber, staader, braver Mo.

Mei, gstreichlt hast ma net bloß ´s Gsicht
(mehr sag ich und verrat ich nicht)
und zuaghört hast ma, nia net bafet,
nia widersprocha, net bläd gschwafet.

Und d´ Leit hams ghört, koana hat gfragt,
hast d´ Augn vadraht und ganz laut gsagt:
‚Mei Schnuckiputzi, mit dir schmus i,
du bist mei Schatz, du bist mei Gschpusi.‘

Stürmisch bist gwe´n und manchmoi sündig,
weg is da Sturm, jetzt bist bloß windig
und lätschert und a weng vaschlaffa,
nix wia hocka, fernseh-gaffa.

Du warst a Schmuser und a Tapper
und ab und zua a wuida Schnapper.
Oamoi da hast ma d´ Blusn zrissn
und hast ma dann ins Gnack ei´bissn.“

Da springt er auf, der guade Mo.
„Bleib da!“ schreit sie, „was fangst´n o?“
„Ja, mei, du hascht asch a scho woin,
i muasch jetscht mei Gebisch schnell hoin.“

Oma und Opa in da Oper

Zwoa liabe Leit vom Bayernland,
de schliaffan heit ins scheenste Gwand.
´s erschte Moi - dees is doch schee! -
derfans in a Oper geh.

Schee werd gsunga, schee werd gspuit,
da Oa mit Steckerl fuchtlt wuid.
De Zwoa schaugn zua und san begeistert,
doch mittndrin sagt sie entgeistert:

„Geh, moanst net aa, - geh, gib ma Recht! -,
d´Akustik is a wenge schlecht.“
„D´Akustik moanst, naja, na und...,
i riach´s scho länger wia´r´ a Stund.“

Holz stehln

„Ja, Herr Richter, Eminenz“,
sagt de oide, brave Zenz,
„i gib´s zua, i streit´s net ab,
dass i a weng a Holz gstoin hab.

Weil´s mi friert in meiner Stubn,
i brauch a Holz, an etla Trumm,
a Wagerl hab i hoamwärts zogn,
wiavui dees war? - I hab´s net gwogn.”

„Nun“, sagt der Richter, „ich verstehe,
ich erlass die Strafe............Aber wehe,
Sie stehlen nochmals Holz im Wald,
dann wird bestraft, dann wird bezahlt:
Nix mehr auf Bewährung,
auf keinen Fall Verjährung.“

„Nix da“, protestiert sie stolz,
„i zahl mei Straf – und stehl mei Holz.“

Erich Fiedler
2003

Da Emil denkt weida

Da Emil liegt schwaar krank im Bett,
mit seiner Gsundheit is´s a Gfrett.
Sei Weibi schleicht grad staad vorbei,
sie redt koa Wort, sie hoit ihr Mei.

„Du Liesi“, sagt er, „hock di hi,
i glaab, mit mir geht´s boid dahi:
Mei Herz, dees pumpert oiwei staader,
mei Bluatdruck, der werd fad und fader.

Und i sinnier a so dahi,
wia´s weida geh soi ohne mi.
Du brauchst an Mo, an reichn, scheena,
an di da werd er si scho gwöhna.

Und i denk, da Moser Tone,
der waar net schlecht, der waar net ohne.
Der hat a Häusl und vui Geld,
oiss was ma braucht auf dera Welt.

Oder nimmst an Peter Weps,
a junga Mo, dees waar doch ebbs,
der is net gwampert, plattert, gstumpert,
auf gar koan Foi a Manner-Glumpert.“

De Liesi hockt so da und woant,
sie rotzt und schaugtn o und moant:
„Dei Gschmaaz, dees is jetzt net dees Gscheida,
zerscht werd gstorbn - dann redn ma weida.“

Freind und Freinderl

Da Emanzn-Mo

I bin a Mo, i bin net bläd,
wann´s stimmt, was in da Zeitung steht:
Gleiches Recht auch für uns Manner,
dees müassn d´ Frauen bloß no spanna.

Wir erkämpfen mit Vergnügen
den Führerschein der Klasse sieben:
Fürs Staubsaugn und fürs Eimer-Leern,
fürs Bügeln und fürs Teppichkehrn,
fürs Bleamegiassn, Staubabwischn
und d´ Nudln aus da Bria rausfischn,
fürs Zwiefeschnein und ´s Sockastopfa,
fürs Abspuin und fürs Teppichklopfa.

Mia schrein net glei: „Um Himmels willen,
soin mia vielleicht dees Enkerl stillen?“
Mia lassn uns net aussitanzn,
mia san wahre Kraft-Emanzn.

Mia san Manner, san net bläd,
es stimmt, was in da Zeitung steht:
Gleiches Recht auch für uns Manner,
dees müssn d´ Fraun jetzt endli spanna.

A LAP

„Mei, Leni, du, i hab eich gsehng,
vazähl, schiaß los, was is´n gschehng?
Hast gheirat´? Drucks net umanand!
I hab eich gsehng im scheena Gwand.“

„I hab net gheirat, hab´s net do,
dees war mei LAP und net mei Mo.“

„Geh red koan Schmarrn! Geh weida, Lene,
sag bloß, dees is a Lätschnbene,
a Depp, a Dotsch, a dummer Deife,
a Siach, a Lotsch mit recht vui Zweife?“

„Na, ‚LAP' is a Ausdruck, ganz a harter:
LAP hoaßt LebensAbschnittsPartner.“

A Radl-Damischer

Dees Radl is dees richtig Gschenk,
is guad für d´ Muskln, guad fürs Glenk,
macht stramm und gibt a Mordsstatur
und bringt di aussi in d´ Natur.

Gegn Rheima, Gicht und Pestilenz
a Trankerl, Safterl, Kraft-Essenz,
Tablettn mit vui Vitamin,
da kimmst vo Passau bis auf Wien.

A Soim fürs Arscherl und fürs Gnack,
stecks eini in dein Hosnsack,
a Pflaster für de Wasserblasn,
(beim Sunnabrand pappst as auf d´ Nasn).

... und wann´s di zwickt weit drin im Wamperl,
da is ´s Papier und da ´s Potschamperl.

Ein Auto-Verliebter

Sein Schnuckiputzi BE EM WE
is w u n - d e r - s c h e e,)*
werd druckag´legt, werd g´stillt, werd pudert,
bei seiner Pfleg, da werd net g´schludert.

Dees Auto daat bloß oans moi mögn:
Oamoi im Lebn a Tröpferl Regn,
oamoi an Duscher Regn aufs Dach,
oamoi an dickn Dreck danach,
oamoi an Baaz durch d´ Reifn quetschn,
oamoi durch d´ Wasserlacka pretschn,
oamoi an hoibn Meter Schnä,
und innen drinn moi Läus und Fläh.

Nia a Batzerl von a´m Täuberl,
oiwei blitzblank, ohne Stäuberl,
oiwei a saubers, blechers Jopperl.
Sei Auto bleibt sei Herzipopperl.

*) oder:

Sein Schnuckiputzi Blitzblank-Audi
hat nia a Freid, hat nia a Gaudi,

*) oder:

Sein nobles Auto mit´m Stern,
dees hat er hoit so sakrisch gern,

A Hoamtreiber

De Grillerei, de hat er dick,
nix wia Ärger, auwehzwick!

Da Oa, der blast ins Feier eini,
damit´s scho stinkt um hoibe neine.

De Ander beißt ins Knoblauchbrot,
dann blasts´n o – da siehgt er Rot.

Da Dritt frisst Radi und an Kaas
und Schnittlauchbrot, dees gibt a Gas.

Und no da Ander spuit laut Musi:
Ja, kruzifünferl, Manner, Gschpusi!

Er mag koan Lärm, er mag koan Gstank
und hell muass sei, sunst werd er krank.

Um zehne fangt er ´s Hoamtreibn o:
„Geh weida, Gretl, ab ins Stroh!“

Er gfreit si scho aufs Bett dahoam.
´s Weißbier muass er obischwoabn.

Warum er hoamtreibt, liabe Leit,
is net erforscht – dees braucht sei Zeit.

Sans frische Triebe? Druckt´n da Biesl?
Oder muass er vorglüahn wia´r´a Diesl?

A Nudl-Narr

Z´ Italien drunt, da is er sturro,
frisst seine Nudeln nur ‚al burro'.
„Mamma mia! Pasta! Pasta!"
Moanst, da bremst er, moanst, dees lasst er?
Da siehgt man´n endli oamoi hudeln
bei de Nudeln, ...Nudeln, ...Nudeln:

Bucatini, Cannelloni,
Orrecchiette, Maccheroni,
Agnolotti, Tagliatelle,
Ravioli, Pappardelle,
Fettuccine, Rigatoni,
Tortellini, Tortelloni.

Nudeln, Nudeln, schnelli, schnelli,
d´ Wampn wachst und aa da Belli.

A echter Fuchzger

Ja himmeherrschaftsappradi,
da haut´s di um, da legt´s di hi:
Ganz Minga woaß´s, es is fei wahr,
da Rudi is heit Jubilar.

Soi fuchzge sei, sagn d´ Leit, woaßt scho,
da is dann meistns ebbas dro.
Da Rudi fuchzge, so a Freid!
Auf seine Kostn sauf ma gscheid
und wünschn eahm zum Wiegenfeste
bei vollem Bauch das Allerbeste.

Schaugt höchstns aus wia neinavierzig,
athletisch, gsund und saunawürzig,
a Mannsbuid nach Salami-Art:
außn rau und innen zart.

Und wern amoi de Glieder schwar,
wannst moanst, jetzt is glei alles gar,
dann reißt di z´samm, gibst dir an Ruck,
nimmst vom Okasa bloß oan Schluck:

Dann schüttlt´s di, dann beidlt´s di,
vadraht´s da d´ Augn, dann speiblt´s di,
dann springst in d´ Häh und duast an Juchzer:
„I bin so froh – i bin a Fuchzger!“

Ein „Sir“ werd sechzge

Da Fritz werd sechzge – Prost auf eahm!
Heit werd´s lustig, heit werd´s zeahm:
Ein Herr, ein Sir, ein Gentleman,
dees is er scho ois Junger gwen.

Halb Playboy und halb Lord vo Bayern,
der ´s Weißbier mag und ´s Vürnehmfeiern,
nix Gscherts, nix Kracherts – alles foin,
drum ladt er uns nach Minga oin.

Er schätzt den Stil und die Manieren
und muaß für andre sich schenieren.
Galant, scharmant und aufmerksam
und stellenweis recht tugendsam.

Mia san so dankbar, san so froh,
dass er persönlich da sei ko,
dass er sei Arbat hintn lasst
- für a paar Stund -, a Wunder fast.

Da Jung-Achzger

Da Max soi achzge sei, woaßt scho,
i woaß net, is da ebbas dro,
da jüngste Achzger vo Europa,
a ganz a wieslflinker Opa,
flitzt da moi hi und durt,
boid is er wieda furt.

Am Montag wart de Keglboh,
wo er so guad treffa ko,
am Dienstag geht er mit de Spezin
in d´ Sauna zu de Nackabezin,
am Mittwoch duat er Kartn spuin,
a Geld muass her – um Himmlswuin! –
am Donnerstag wern d´ Leit ausg´richt,
beim Ratschtag hörst de scheenste Gschicht,
am Freitag springt er auf vom Bankerl
beim Turnen wia da Sparifankerl,
am Samstag hat er endli frei
für seine Kundendienstkartei:

De Rosa war de letzt Woch dro,
de Friedl wartert aa scho so,
zum Reserl werd´s a schwara Gang,
de möcht´n scho zwoa Monat lang,
na, heit werd zur Finni gfahrn,
dera macht er ´s Betterl warm,
weil´s dees arme Weiberl friert,
da hat er si no nia scheniert,
hilfsbereit und liab und nett
is er zu Tisch und aa im Bett.

Am Sonntag hat er dann sei Ruah,
vom Rentner-Dasei hat er gnua.

Ja Himmeherrschaftsappramment,
warum is d´ Woch so schnell am End?
Es gaab ja no so vui Vereine,
da gang er hi, da gang er eine.
Er brauchat zehn, zwölf Tag pro Woch!
O Stress, i bitt di, lass doch nach!

Mach weida, hock di ja net nieder!
Beim Hunderter, da kemma wieder.

Mia wern längst am Stecka geh,
er werd aufrecht dortn steh,
mia wern dorat, bläd und blind
er bleibt frisch, fidel und gschwind,
mia wern klapprig, schiaf und scheps
und er schwirrt rum ois wia´r´a Weps.

Respekt! Respekt! Mia gratuliern:
Du soist dei Lebn so weida führn!
Bleib frisch und gsund und intressiert
und bleib a Mo, der no was spürt!

Zum Marsch auf 100

Was schenkt ma so oam, kruzitürken?
Da soi doch ebbs in d´ Zukunft würken:
An Wanderstecka schenk ich dir,
zum Marsch auf 100 - glaube mir,
da brauchst scho Stützn, brauchst scho Mittl,
hat di da Wehdamm am Schlawittl.

A Kukident für dritte Zähn,
da bist mit neinaneinzg no scheen,
an Schnuller, wann da Schlaf ausbleibt,
und neamad dir de Zeit vatreibt.
Macht Smog-Alarm die Ehe schwer
- dicke Luft und kein Verkehr -
nimm Fichtenduft aus dieser Dose,
riecht´s himmlisch dann aus deiner Hose.
Da hab i no a Mannerschürzl,
dees geht vom Bauch rum bis zum Bürzl.
Fürs Trainingslager in der Küch,
nimm Billig-Gschirr und flotte Sprüch:
„Brot für die Welt – die Wurst bleibt da.
Hier kocht der Chef. Hier kocht Papa."
... und stellst di dumm, – dees werst scho spanna –,
zum Millihoin da werd´s scho glanga.

Oiss Guade, bleib recht flott und rüstig,
bleib sauber fei und aa no g´lüstig!
I wünsch dir Ohrn, de net oiss hörn,
(dees ham zwar d´ Fraun net gar so gern)
und gsunde Augn für oiss, was scheen is,
a ruhigs Gmüad aa dann, wann Föhn is.
I druck da d´ Daam, es werd scho klappa,
wannst nix mehr siehgst, dann muasst hoit dappa.

Schlawiner
und
Schlawuzi

A komischer Mo

Der Schorsch, der siehgt im Zug an Mo
und denkt si: „Komisch is der scho,
oi Daamlang, da vaziagt er ´s Gfrieß,
er zoagt sein Bläschl, dann sei Bieß.“

Der Schorsch, der huckt si wiesawie
und schaugt so zua und schaugt so hi
und möcht a wenge schmatzn.
Doch eahm schaug o: Der möchtn tratzn:

Der speibt dem Schorsch am Kopf vorbei,
zerscht links, dann rechts. – „Jetzt glangt´s ma fei!“
Dann speibt er übern Kopf an d´ Wand,
da Schorsch daschrickt, rutscht umanand.

Dann steht er auf, der bläde Speiber,
und sei Krawattl macht er weida:

„Mein Herr, ich heiße Martin Kleister,
beim Spucken bin ich Deutscher Meister,
ich spuck genau, ich treff das Ziel,
solch gute Spucker gibt´s nicht viel.“

Da fangt er wieder o zum Speibn,
wia soi da Schorsch da huckableibn?
Da ... speibt ... er ... zruck. Mittn ins Gsicht.

(und sagt):

„Ich bin kein Deutscher Meister nicht.“

Da Michi, der erste Müll-Tourist

Da Michi war z´ Italien drunt –
sei Auto siehgt a finstrer Kund´,
hat eahm der Grattler d´ Scheibn ei´gschlagn
und Hab und Gut zum Deife tragn:

De sündhaft teiern Gulasch-Dosn,
de dreimoi gflicktn Unterhosn,
den oidn Mantl - meinersell! -,
eahm trifft da Schlag fast auf da Stell,
de Turnschuah voller Zähankaas,
an Regnschirm und dees ander Gfrass,
´s Rasierzeig und dees zwoate Bieß,
da zahnt er und vaziagt sei Gfrieß:

„Bandito! Ramme! Maladetto!
Dees is net schee, dees is net netto!"

Und jeds Moi, wann er Sperrmüll hat,
fahrt er nach Süden in a Stadt
und parkt - und lasst de Fenster offn,
und beim Espresso duat er hoffn,
dass so a Baazi, so a Lump,
packt sei Graffe, packt sei Glump.

Ganz gwieß - i hab´s scho oiwei gwisst:
Er...war...der...erste...Mülltourist.

Oan Wunsch hast frei

„Da drent, da is Amerika“,
denkt da Bene. Eahm is klar,
dass er da nia umi kimmt,
und wann er aa im Lotto gwinnt.
Mi´m Schiff, mi´m Fliaga gaab´s Probleme,
er speibat täglich bis um zehne.
Bloß mi´m Auto kunnt er fahrn,
wenn bloß an etla Bruckn waarn.
Drum huckt er traurig da am Meer.
Da kimmt vo hint a Fee daher:

„Mei liaba Mo, jetzt hoit di ei,
sag, wasd´ wuist. Oan Wunsch hast frei.“
Da Bene gfreit si, sagt zur Fee:
„A Bruckn übers Meer waar schee.“
„Na“, sagts, „dees geht net, ´s Meer is tiaf
und weit und broad und untn schiaf.“

„Was soi i wünschn?“, fragt da Bene.
„Hoit, i hab´s: I hab Probleme
mit Diandl, Madl, Weibaleit,
de redn drauf los, ois wia net gscheid.
Und i vasteh´s net, was´s´ so woin,
was´s´ dengan, spürn, was´s´ aussa hoin
vo drin – und ´s Gsicht vaziagn,
und dann nix sagn...und ´s Mei vabiagn.“
Da sagt de guade Zauber-Fee:
„D´ Fraun vasteh, waar wunderschee.
Dees ko neamd, woaßt, da huift koa Zauber,
da bleibt uns da Schnabe sauber.

Jede Frau bleibt ein Geheimnis
und rätselhaft und schee und fein is´s.

(Pause)

Was hast gsagt? ...Du möchst a Bruck.
Du soist as ham: Vierspurig hin und z´ruck.“

Oid wern ma schee langsam

„Oid wern ma schee langsam“, moant da Oa,
„da konnst nix macha, konnst nix doa,
i bin bloß froh, dass ´s Kreiz no mag,
und überhaupts: I hab koa Plag.

Bloß meine Zähn, de oidn Deife,
doan oiwei wäh, ganz ohne Zweife,
an ganzn Tag kriagns Puiverl gnua
und in da Nacht gebns aa koa Ruah.“

„I“, sagt da Ander, „null Probleme,
i geh ins Bett um hoibe zehne,
in d´ Kammer da herent und drent,
mei Bieß und i - mia schlaffan getrennt.“

Gsund wern

„Wann i amoi recht wacklert bi,
drink i an Tee und leg mi hi
und rotz und räusper, huast und gachez
und schwitz und zieder, speib und achez.
Dees is dann scho a rechte Plag,
dees dauert dann a sechs, siebn Tag."

„Mei", sagt da ander, „grundverkehrt,
du muasst zum Dokter, wia´s si´s ghört.
Zerscht werd da moi ins Mei ei´gschaugt,
und dann geprüft, ob ´s Bluat was taugt,
oiss werd abgklopft, oiss werd gmessn,
dees und dees derfst nimmer essn.
Danach kriagst Buiverl herb und hantig,
da werst schee langsam derb und grantig.
Jetzt kriagst no schnell a mordstrumm Spritzn,
da reißt´s di, du konnst kaam mehr sitzn.
Zum Schluss sagt er: ‚Sie ahnen schon,
glei mach i no a Infusion.'

De Heilung geht jetzt Schlag auf Schlag,
sie dauert net a sechs, siebn Tag.
I sag: Mei Doktor lebe hoch!
Mei Krankheit dauert bloß a Woch."

Oiss umasunst

De liabn Leit in unsrer Gmoa,
uns Oidn lassns net alloa.
De ladn uns ei zum Essn, Tringa,
da kimma ratschn und aa singa.

O´geh duat´s um hoibe zehne,
Weißwürscht gibt´s und Brezn scheene.
Und weil uns ´s Weißbier aa nix kost
...Prost!

Und neili sagt da liabe Singerl:
„Heit Mittag gibt´s a sauers Düngerl
und Knödl aa, so vui wia´s mögts:
Oiss umasunst – jetzt nehmts, was sehgts.“

Und Na´mittag, da bin i tapfer,
da frieß i no a zwoa, drei Krapfa,
da kimmt de Bietschn mi´m Kaffä,
und Milli, Zucker, dees woaßt äh.

A Musi spuit dann, lustig werd´s,
alle ratschn - fast nix Gscherts.
A Kerwe mit vui Geld geht umma,
… da hab i mir an Zwanzger gnumma.

A raffinierter Hund

A Boxerhund,
mi´m broadn Hirn,
strawanzt durchs Dorf,
er geht spaziern.
Da bleibt er steh,
er schaugt nach obn:
A Schäferhund
steht am Balkon.

„Kimm oba!“ schreit er, „schee is´s heit,
geh mit mit mir, da gfrein si d´ Leit.“
„I ko net, i bin eingsperrt worn,
de Tür is zua, da hint und vorn.“

„Dann springst hoit oba
vo da drobn,
da is a Wiesn,
koa Beton.
Spring über ´s Glander,
kimm, geh weida!
Mia haun ab,
dees is dees Gscheida.“

„I spring net, na, i bin net bläd,
i wui net, dass ma aa so geht
wia dia - i mag net springa, mag net fliagn,
i mag koa z´dätschte Lätschn kriagn.“

A Hund bist scho

*)

Respekt! Respekt! A Hund bist scho,
a weng a raffinierter,
du bist recht frisch und packst oiss o,
de andern san vui müada…

… und gscherder sans, de gscherdn Hund´,
de bscheißn di wo´s geht,
de hunzn di vo obn bis unt
und hoitn di für bläd.

De foischn Hund, de dean so süass,
und schliafan hintn eine,
und hintrum beißns dir in d´ Füass,
san dees net Hundsgemeine?

Dreekhund´, Sauhund´, Misthund´ kenn i,
aa in da Politik,
nana, nana, koan Nama nenn i,
de Hund´, de hab i dick:

De Kläffer, Knurrer, Mei-Aufreißer,
de zoagn a scharfs Gebiss,
de Schleimer, Schwanzler, Menschn-Bscheißer,
de pratzln di ganz gwieß.

Wanns wenigstns bloß Hundling waarn,
so pfiffig-frisch-aufgweckte,
de andre net vui onidrahn,
auf deitsch gsagt: Hund´ varreckte.

Respekt! Respekt! Du bist a Hund,
koa gscherder, foischer, bläder.
Wia gsagt: Du bist a echter Hund
und soiche Hund´ mag jeder.

*) Erich Fiedler, der Illustrator

Beamtenbeleidigung?

*„Ich frage Sie, Herr Polizist,
ob´s ausnahmsweis gestattet ist,
dass ma eahna ‚Rindviech‘ nennt,
wenn d´ Sicherung moi durche brennt.“*

*„Um Gottswuin, na! Wer mich beleidigt,
der zahlt a Straf. Ich bin vereidigt
und damit bin ich Staatsbeamter,
ein Kommissar, ein frisch ernannter.“*

*„Dann frag ich Sie, Herr Kommissar,
anderscht rum, wia denn dees waar,
wann i a Rindviech, dumm und fad,
mit ‚Kommissar' betitln daat.“*

*„Dees is erlaubt. Da droht koa Strafe.
Rindviecher gibt´s ja, net grad brave,
ob deppert, dumm, ob oid, ob jung,
... da gibt´s keine Beleidigung.“*

*„I dank recht schee für die Belehrung:
Koa Straf. Koa Haft. Nix auf Bewährung.
I sag zu eahna – dees is klar –
ganz feierlich: ‚Herr Kommissar'.“*

Altersfreuden

I oida Mo im Supermarkt,
hab grad mei Einkaufswagerl parkt,
da steht da drent a junge Frau,
de hat a richtig freindlichs Gschau.

Und sie lacht her. I grins scharmant
und blinzl hi, vastoin, galant.
Und jetzt tauts auf, sie strahlt mi o,
i schaug de scheena Zähn bloß o.

De langa Haar schiabts jetzt auf d´ Seitn
und lacht ganz laut, ja Herrschaftseitn!
Und näher kimmts, i bi scho gfasst,
i ziag an Bauch ei, ziedert fast.

Und da laffts wirkli auf mi zua ...
... fix, danebn! ... Da steht a Bua,
den umarmts, den busslts ab,
und i bleib da oide Lapp.

I lass mei Wampn wieda hänga,
mir is´s wurscht, was d´ Leit so denga,
und meine Foitn wern net büglt,
nix werd jung gmacht, nix werd gstrieglt.

Na, i bleib oid. ´s Oidsei is schee.
De Junga kinnan´s net vasteh.
Wannst nix mehr muaßt und recht vui derfst
... und was d´ no konnst, dees duast hoit zerscht.

Ja, ja, o i d w e r n , dees mächt a jeder,
aber o i d s e i bloß i Bläder.

Da Benedikt in Not

Da Benedikt is ganz vazweifet,
sei Oide hat´n aussideifet.
Bloß sie hat Recht – er is davo,
nix macht er recht, der arme Mo.

Jetzt hängt er drin im Wuidn Kaiser
und fuchtlt rum und is ganz heiser
vor lauter Schrein genga de Wand,
da plärrt er hoit so allerhand.

Schimpfa duat er wia net gscheid,
weit und broad koa Weibaleit.
„Kaiser huif, i möcht mei Hausrecht!“
Da hört er ´s Echo: „...hau s´ recht!“

Schweindl
und
Huzifackl

Da Baaz vom Bonifaz

So is´s scho oiwei in da Schui:
Der Lehrer redt und fragt recht vui.
Heit druckst er rum und sagt verlegen:
„Fragts dahoam, auf welchen Wegen
der Mensch entsteht. Ihr brauchts ja bloß an Papa fragen,
morgn in da Fruah, da kinnts ma´s sagn."

Da Bonifaz, der fragt an Papa,
der reißt d´ Augn auf, macht an Schnapper
und stottert dann wie hoch im Norden:
„Der... Mensch,... der... ist... aus... Lehm... geworden."

Da Bonifaz, der hört dees Gschmaaz,
er suacht an Lehm und find´t an Baaz.
Da Baaz vaschwind´t im Hosnsack,
so geht´s in d´ Schui am nachstn Tag.

„Nun, Kinder", fragt da oide Lehrer,
„habts gfragt dahoam und wissts jetzt mehrer?"
Alle kichern, schweigen fromm,
da Bonifaz hat d´ Hand weit drob´n,
de ander Hand steckt in da Hosn,
er muass laud schnaufa, pfeifa, blasn.
„Mei", sagt er, „d´ Hosn is so furchtbar eng,
soi i´n herzoagn, möchts´n sehng?
Hart is er worn und ganz dadätscht
und wia´r´a Nudl z´sammaquetscht."

Da Lehrer zittert, fuchtlt wuid.
„Den lasst drin! Da wird net gspuit!
Wie Menschen werden, bleibt geheim
... und Bonifaz: Du gehst jetzt heim!"

Da Wunderheiler

De Lilly spuit grad Schönheitsfarm:
an Baaz im Gsicht, net koid, net warm,
und Bio-Gurken. Kruzitürkn,
irgend ebbas muass doch wirkn
gegn de Foitn kreiz und quer,
Salbn und Safterl und no mehr.

Sie is entspannt, sie gibt si Müah,
da steht de Freindin in da Tür:
„Ja, Lilly, sag, bist narrisch worn?
Was hat der Baaz im Gsicht valorn?
Du muasst zum Wunderheiler geh,
drin in da Stadt, der macht di schee."

Gesagt. Getan. Am nachstn Tag
wars scho drinna in da Stadt.
Da Wunderheiler schaugt sie o
und hat an Kopf was auffi do:
„Da is a Schraubn, da is a Stift,
wannsd´ umadrahst, werd ´s Gsicht naufglift."

Und wirkli wahr: Sie is ganz platt:
Zwoamoi drahn – und ´s Gsicht is glatt.

Nach drei Wocha is s´ nervös:
Zwoa braune Wimmerl – was is dees?
Der Wunderheiler sagt mit Frust:
„Dees warn de Zapferl von der Brust.
Wannsd´ no moi drahst, i muaß dir´s sagn,
dann werst recht boid an Spitzbart habn."

Da Schwiegermuatter-Tratzer

Er spuit net gern mit Hund und Katzn,
er mag bloß d´ Schwiegermuatter tratzn.
De fuchst er, wo er s´ fuchsn ko,
heit fangt er moi was ganz Bläds o:

Zerscht vasteckt er ihr de Bruin,
dann duat er Nackabezi spuin:
Er legt si nackert hinters Haus,
sie siehgt´n liegn und kriagt an Graus
und blinzlert fragts und leichenblass:
„Wer ist denn das? Wer ist denn das?

Mei Schwiegersohn? Der feine Mo,
der hat an neia Anzug o.
Koa scheene Farb und oiss hängt abi,
net grad vom Schnabe bis zum Nabe.
Voller Foitn obn und unt,
schaama kunntst de für den Kund´.
Der gschlamperte Schlawiner,
bügeln hätt er´n si scho kinna.“

Gestörte Stammtisch-Freuden

De Stammtisch-Brüader san scho Hund´,
damisch sans vo obn bis unt´,
lacha deans und d´ Augn auswischn
und nebnbei d´ Schafkopfkartn mischn.

A Gräucherts gibt´s, an Kaas, a Wurscht,
da werst scho glustig, kriagst an Durscht.
Zwölfe is´s scho lang vorbei,
da kimmt sie daher, sei Wei.

Sie fuchtlt wuid mit Hysterie:
„Ja, Himmeherrschaftsappradi!
Du wannst net hoamgehst, werd i wuid,
nix werd mehr gsuffa, gfressn, gspuit!

Hoam werd ganga! Bürscherl wart!
Heit zoag i dir´s auf bsundre Art!“
Da sagt er, da bsuffa Mo:
„Und i schaug dir s´ heit net o!“

STAMMTISCH

Wia geht´s da denn?

„Mei, grüaß di, Sepp, wia geht´s da denn?
Drei Jahr ham mia uns nimmer gsehng.
Guad schaugst net aus, was is´n los?
Du glangst ans Herz – was hast´n bloß?“

„Mei“, stöhnt da Sepp, „i woaß net recht,
seit drei Wocha geht´s ma schlecht.
De Augn vadraht´s ma, mia werd Angst,
da siehgst, wasd´ oiss im Urlaub fangst.“

„Im Urlaub sagst, vazähl, schiaß los!
Vielleicht kimmt dees vom Klima bloß.
Wo bist´n gwe´n? Was hast´n do?
Du druckst so rum und stotterst so.“

„I war am Meer auf den Kanaren,
wo so vui andre Narren waren.
Dees hättst sehng soin, liaba Spezi,
am Strand da war´n so Nackabezi:

Junge, stramme, braune, scheene,
a fünfe, sechse, achte, zehne.
Alles schwabbelt auf und nieder,
de Freid erweckt de Glieder wieder.

I blinzlt, schluck und gaffs recht o
... und da fang i ´s Ziedern o.
I spür dees Schlottern in de Knia,
net bloß auf d´ Nacht, aa in da Früah.

Mi beidlt´s ab – i kriag de Gicht,
i siehg bloß Backerl, doch koa Gsicht,
weil i oiwei unt hi schaug,
da riskier i scho a Aug.

Krank bin i worn – es is a Kreiz,
wo i hi´lang, woaßt, da feit´s:
Mei Herz dees pumpert und duat wäh,
da Bluatdruck steigt ganz gach in d´ Häh.

Fest schnaufa muaß i – i bleib steh,
i ko boid nimma weida geh.
In meine Ohrwaschl, da pfeift´s,
in meine Händ, da is was Feicht´s.

Ziedern dua i – oiss vagieß i,
und tröpfen duat´s beim Biesibiesi.
Ja kruzifünferl, sappradi,
woaßt, da fahr i nimmer hi.

De Gafferei, - fangs ja net o! -,
de macht aus dir an krankn Mo.
Drum bleib dahoam, schaug d´ Mama o
... dann bleibst gsund. (Es is hoit so.)“

Porzellan-Eier

A Preiß beginnt im Bayernland
mit viel Gefühl, mit viel Verstand
´ne Hühnerfarm, zack zack.
Er packt de Henner hint am Gnack:
„Komm leg ein Ei, du dummes Huhn!
Ich kann es doch nicht selber tun!“

Ein Bayer ist zu ihm human:
„Leg a Oa aus Porzellan
in dees Nest von deine Henner,
dann wern sie si ans Legn scho gwöhna.“

Da Preiß, der geht zum Gschäft vom Hias:
Kernsoaf, Mausfalln, lätscherts Gmias,
Büstenhalter und Potschamperl,
Modl für de Osterlamperl,
Leberkaas und Schokolad,
Bismarckharing, Marmelad,
Heilign-Buidl, Schnupftabak,
Rhizinus und Fensterlack.

Da kimmt da Hias, da oide Mo,
kaam dass er´s no dahatschn ko,
z´sammzogn, wacklert, scheps und krumm,
da Wehdam schmeißt´n jetzt glei um.

„Tach“, sagt da Preiß, „ich frag nur an,
ham Sie ein Ei aus Porzellan?“
„Na“, sagt da Hias, „dees woaß i gwieß,
mi plagt bloß sakrisch ´s Rheimaties.“

Rhizinus Oel
Kernseifen
0000,00
Lack
Lack

Er und sie am Nordseestrand

Der Lois und d´ Mare fahrn ans Meer,
zum Nordseestrand. Und da schaug her,
beim Spazierngeh da schreit sie:
„Lois, mach d´ Augn zua, schaug net hi!“

Grad extra reißt er d´ Augn weit auf
und jetzt erscht kimmt er richtig drauf:
Vui arme Deife ohne Gwand,
de hupfan nackert umanand,
dünne, dicke, junge, oide,
richtig hoaße und eiskoide.

Er siehgt bloß Hügel, Rinnen, Kuppen
von der Landschaft und den Puppen.
Alles schwabbelt auf und nieder,
ohne Hosen, ohne Mieder.
Aa bei de Manner wacklt oiss,
von de Knia drunt bis zum Hois.

De andern flackan umanand
und ham den scheenstn Sunnabrand.
De Haut is rot, sie hängt scho weg
und überoi da siehgst an Speck.
Oiss is paniert wia Wiener Schnitzel,
da Sand, der schliaft in jedes Ritzel.
Oiss is aufbrennt vorn und hint,
und drüber pfeift da Nordseewind.

Da schmort a Grischperl, dort a Blunzn,
pudlnackert hörst as grunzn.
Da drent da grillt a Lätschnbene,
danebn a Preißin, ganz a scheene.
Da Gwampert und sei Gschpusi,
de machan schmusi, schmusi.

Da Lois und d´ Mare schaugn und schaugn,
sie kriagn ganz große Batzl-Augn.

(...und d´ Mare denkt:)

„Mei schee is´s an der Waterkant
... und schee waar´s, wann da Vadda kannt.“

A Briaferl für d´ Oma

„I mach da Oma heit a Freid“,
denkt da Otto, „es werd Zeit,
dass s´ a Briaferl kriagt vo mia,
da gfreit sie si ... und dees net wia.“

„Mei“, denkt er, „lesn konns ja nimmer,
de Leserei werd oiwei schlimmer,
sie siehgt ja kaam, sie ko kaam schaugn,
irgend ebbas fehlt de Augn.

I schreib koa Wort. I schick a Foto,
dees is dees Richtig“, moant da Otto.
Scho zreißt er ´s Buidl drobn von Sylt,
wo er nackert drauf is und ganz wüld.

Den untern Teil vom blädn Foto,
den schickt er furt, da wuide Otto.
De Oma reißt dees Briaferl auf
und zahnt so schiaf aufs Buidl drauf:

„Mei Enkerl is a braver Bua,
typisch Otto - i gib´s zua -
u n – r a – s i e r t , ma siehgt kaam ebbs
und sei Krawattl hängt ganz scheps.“

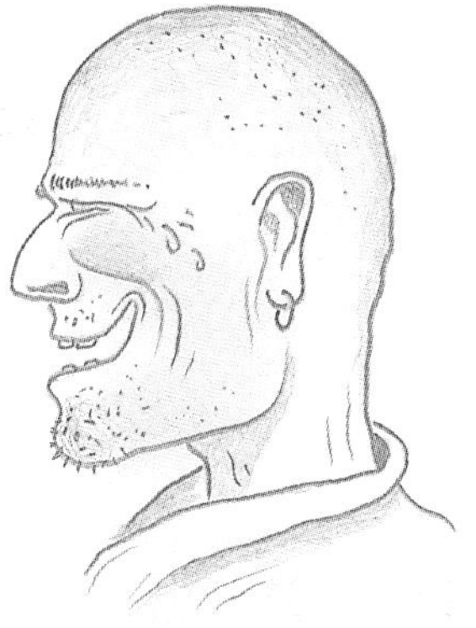

Damische Leit
in
a damischn Zeit

Tschau und tschüss und hei!

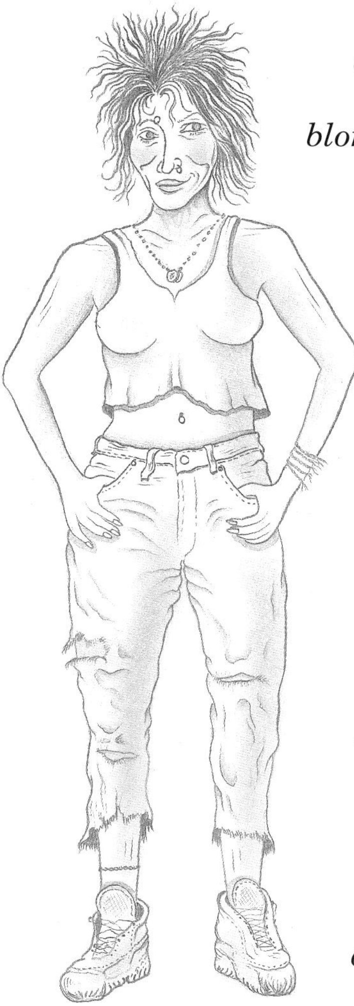

*Junge Leit
siehgt ma heit,
d´ Haar in d´ Häh,
dulijä,
blondgstroaft, gscheckert,
rotgrea, gfleckert,
unrasiert,
steil frisiert
oder plattert,
da Nabl nackert,
´s Kappe scheps,
is dees ebbs?
Bruin am Hirn,
scheene Birn,
an Nasnring,
vui Klimbim
und vui Ringerl
aa am Züngerl,
Gummi kaun,
grantig schaugn,
Händi-Gschmaaz,
ganz was Fads,
´s Bier aus Dosn,
zrissne Hosn,
allerweil
mega-geil,
an Gwand-Verhau,
schwarz und grau
und: D´Schnellscheißhosn rutscht oiwei:
Tschau und tschüss und hei!
Kuul und oiwei superer.
So sans, de jungen Dutterer.*

Und mia oidn Datterer?

Mia war´n jung
anderscht dumm,
Mini-Röckerl,
wuide Böckerl,
Pettycoat,
i siehg rout.
Koteletten,
feine Deppen,
Frisur mit Duin,
dicke Bruin,
vorwärts tanzt,
zuawegwanzt,
draht und gsprunga,
nebnbei gsunga,
´s Krawattl gscheckert,
aa recht deppert,
aa so bläd
wia´s grad geht...

...und:

Schee war ´s Leb´n.
De Oidn san bloß neidig gwe´n.
De Oidn ham si bloß no gwundert
(inzwischn waarns scho über hundert).

Drum:

Koa Tschüss, koa Hei – i sag´s ja grad:
Habe d´ Ehre! – Pfüat enk Good!

Kids und Minis, Jungs und Teenies

So vui i woaß,
is d´ Mama von de Kids koa Goaß.

Sie is a Mamm oder a Mama
und da braucht sie si net schaama,
... ja, wo samma?

Und i?
I bin koa Mini,
und koa Teeny,
oder spinn i?

I bin a Diandl, bin a Madl,
fahr net mi´m Beik, i fahr mi´m Radl,
net fürn Boddy, bloß für d´ Wadl.

Und du?

Auf jedn Foi
bist du koa Junge oder Boy.
Du bist a Bua,
vom Englisch-Preißln hab i gnua.

Bjuti-„Farm“

A Bjuti-„Farm”
hat vui Scharm!

Auf jedn Foi
is dees koa Stoi
für Kaibi, Küah,
für Ochsn, Stier,
für Fackl, Säu,
für Hirsch mit Gweih.

...und d´ Gflüglfarm,
stinkt, is warm,
oide Henna,
kinnan renna.
Für Antn, Gäns,
so was Scheens,

für d´ Schaf, für d´ Lampe,
net für d´ Tante,
net für d´ Mama,
ja wo samma?

No amoi:
Farm is Stoi.
Bjuti-„Farm”,
so a Schmarrn !

Märchenhafte Werbung

Na, Sachan gibt´s!
Da les i neilich in a Modezeitschrift, dass de Unterhosn von de Manner stinklangweilig san.
So was Gscherts! Ausgrechnet s t i n k – langweilig.

Na ja, a wenge hams scho recht, wann i an de Spitznhöserl von de Maderl denk: luftig und duftig. Rüscherl, Strapserl, Schleiferl. Einfach Spitze, Spitze, Spitze!
Mei, früahra hast ´s Hoserl wegschiabn müassn, dass d´ ´s Arscherl siehgst, und heit muasst ´s Arscherl auf d´ Seitn schiabn, dass d´ ´s Hoserl siehgst.

De Modezeitschrift moant, dass de Mannerunterhosn revolutioniert werden müssen.
Dass vorn „Schiesser“ drauf steht, is guad, aber z´wenig.

Neie Ideen müassn her:
„Das kurbelt die lahme Schlafzimmer-Konjunktur an und sonst noch allerhand,“ moanans, de Deppn, de gscherten.
Mei Liaba, da wannst ma net gangst! A so a Gschieß wenga de Unterhosen! Weng de gschissna Unterhosen.

Und wissenS´, wo s´ eahnane Ideen herham?
Von de Märchen hams es gstoin und von de Kinderliada.
Und dees soi drauf steh, v o r n dro steh:

Zappelphilipp, Stehaufmännchen, Struwwelpeter,
Ein Männlein steht im Walde, Hans-guck-in-die-Luft,
Pippi Langstrumpf, Das tapfere Schneiderlein, Rotkäppchen,
Es tanzt ein Bibabutzemann, Kasperl in der Schlucht...usw.

Nix wia Sauereien! Und, was hint drauf steh soi, hams net gsagt. Vielleicht gar: Rumpelstilzchen. Jamiiileckst!
Schiesser daat g´langa.

´s Klassntreffa

Oid sans worn
....de andern:

Alle sans graabhaarig, weißhaarig und plattert san aa scho vui.
Ja, schaugs doch o!

Und guad beinand sans aa. A paar san ja fast a wenge fett und gwampert. Ja, schaug doch hi!

... und g´foitert sans worn! Na, na, na!
Überoi Foitn: Foitn im Gsicht. Foitn am Hals.
Foitn an de Händ.

... und da Dings erscht, no, da Dings, mei, eahm schaug o!
Dem siehgt ma´s scho o, dass d´ Schuizeit lang vorbei is.
I hätt´n boid nimmer kennt.
A guada Fuaßballer is er amoi gwen, da Dings. Wieslflink.
Und heit? A langsamer Hatscher is a worn. O mei, o mei!

....und sie erscht, de ander, woaßt as scho, de oa, de hinter dir gsessn is in da Schui ... woaßt as no, wia schee de war?
De hat uns an Kopf vadraht ... und heit hats selba an ganz vadrahtn Kopf.
... und ob de Haar no echt san?

I ko schaugn, wohi i wui: Lauter oide Leit.

No, was hat er denn, da Heini?
Es schaugt oiwei zu mia her. Er schaugt mi o und o.
Na, er gafft mi o.
Hat er jetzt sein Kopf beidlt?

Er werd doch net dees Gleiche denga wia i!

Mia Kinder vo heit

Zukunftsängste?
Red doch koan Schmarrn! Mia Kinder vo heit hams doch so schee:

Oiwei leichter werd´s, wenn ma auf d´ Welt kemma wui,
weil ma leichter hi find´t, wo ma dahoam is:
Überall stehngan Schuidl, Luftballon hängen da, Lametta, Kindergwand und Schnuller siehgst hänga ...und:
„Zur Büchsenmacherei“, „Zum Thronprinzn“ steht da auf de Schuidl. Da findst scho hi, wosd´ dahoam bist.

Und schee is´s heit, wenn ma zwoa Jahr oid werd:
De erschte Geburtstags-Party. Festtagswindeln im Armani-Design aus der Biesi-Biesi-Kollektion. Schnullerparty.
Und dees erschte Ringerl am Fingerl.

Und zum 5.Geburtstag erscht!
Mit der echtn Kutschn wern de 17 Kindergartn-Freind in unser Häusl g´hoit. Und da Party-Service vo Minga is aa scho da.
Mia Kids wissn scho, was ma woin.
Hoffentlich schenkt ma d´ Oma net scho wieda a Händy!
I hab ja scho drei. Mei, vorigs Jahr hats ma des 37. Steiff-Viech gschenkt ... und heier is´s ganz händy-damisch.
Mei, oid werds hoit schee langsam.
Und de Tantn erscht! Was de oiss daher schleppan. De wissn doch, dass de drei Spuizeig-Regale im Kinderzimmer scho voi san und dees oa im Speicher drobn aa und aa dees im Keller.
I ko dees Zeig ja net meine Schwestern gebn, weil i koane hab.
Und Bruada hab i aa koan.
I wissert scho, was i dene gebn daat... von dem vui´n Glump.

Cool und geil: Der 18. Geburtstag.
A Schnuckiputzi-BMW steht vor da Tür. Woaßt scho, de Oma und da Opa woin ma a kloane Freid macha.

G´heirat werd mit zwoaradreißg.
Gleich nach´m Stotter-Studium und bevor ´s Arbatn ogeht.
Guad, dass de Verwandtn zur Hochzeit net bloß Bleame,
Bralinen und Bordooo gschenkt ham, sondern auch Bares.
Also, ab zur Hochzeitsreise nach Australien!
Vier Wocha lang. Zeit hamma. Geld hamma.

So ... und mit vierzge geht ´s Erbn los
und mit achzge geht ´s Sterbn los...

(...und dazwischen drin is a harte Zeit)

Was soi ma doa, beim 50. Geburtstag, beim 60sten und beim 70sten Geburtstag?

An a Suiberhochzeit mag i gar net denga. Weil´s nix gibt, wo ma net scho warn. Aber so vui vo uns wern ja gar net so lang vaheirat´t sei. De Oidn vo heit san da scho a wenge komisch.

Und später erscht:
Soi i mit da Blechmusi ins Altersheim ei´ziagn?
Quer durch d´ Stadt? In a scheena Kutschn drin?
Oder soi mi mei Ur-Enkerl mi´m supergeilen Zwoat-Auto hi´bringa? (Alles Leasing oder so.)

Ja, ja: Zwischen Kreiß-Saal und Altersheim geht´s allerweil steiler bergab:
Mia Verhätschltn wern oide Hatscher.
Ois junge Dutterer ham ma´s sche.
Ois oide Datterer konn´s bloß schlechter wern.
Bergab geht´s mit uns.
Überfluss-Überdruss-Schluss!

Süasse Zeit

Weihnachtsplatzerl
bacht mei Schatzerl,
bacha, bacha,
so vui Sacha:

Sternderl, Herzerl
vor de Kerzerl,
Vogerl, Haserl
in de Glaserl,
Ring und Ringerl
auf de Züngerl,
Brezerl, Busserl
mit vui Nusserl,
woache, harte,
grobe, zarte,
helle, dunkle,
ein Gefunkle.

Honig-Toag und Schokolad,
Biskuit und a Marmelad,
Haselnuss und vui Vanille
und ab und zua a paar Promille.

Kekserl für drei Monat lang.
Jeds Moi is dees a schwarer Gang
für uns Dicke, Liabe, Nette,
gwampert, gschtumpert, wirklich Fette.

Geh net auf d´ Waag!
Dees waar a Plag,
gwieß sagts dees oa:
„Fürs Gwicht bist z´kloa."

Staade Zeit

Jetzt kimmt de staade Zeit
und da drauf gfrein si d´Leit:
Bloß schnell no umananda laffa,
fahrn und fahrn und recht vui kaffa:

Ganserlbrust und Raclette-Kaas,
Broccoli und Ananas,
Bismarckharing, Mandarinen,
Maroni und dann Sultaninen,
Salat und Gmias und Mille,
an Rotwein, drent von Chile,
Kiwi, Essig, Rindsrouladn,
Bananen und a scheener Bratn
vom Hirsch, vom Kaibe und vom Has,
vom totn Fisch findst aa no was,
und Räucherlachs und Pepperoni,
Parmaschinken, Makkeroni,
a Schnapserl und a Rindsfilet,
und a Espresso waar no schee.

Da Wagn werd voi und d´ Musi lauda
und d´ Weihnachtsstimmung no dahauda.
Z´vui werd kafft und kocht und bacha,
da konnst net bremsn, konnst nix macha.
Oiwei   n o   was – i siehg rot.
Du moanst, es kaam a Hungersnot...
Nix wia essn, tringa, essn,
vielleicht hamma was vagessn,
vielleicht samma net ganz gscheid
in dera staadn Weihnachtszeit.

Jaja:
O du ölige, o du mehlige, gabenbringende
Weihnachtszeit
...und: Promiiille Nacht, eilige Nacht ...

Weihnachtsüberraschung

Woaßt was,
mach ma´s wieda wia vorigs Jahr:

Du schenkst mir an Hunderter und i schenk dir an Hunderter.

Woaßt scho,
unter a´m Hunderter konnst heit koan mehr a Freid macha.
Aber mehra braucht´s aa net sei.

Aber oans möcht i scho:
Wann da i mein Hunderter zerscht schenk
und du gibst ma spater a´n Hunderter,
dann möcht i – bittschön – aber scho a´n andern Hunderter,
woaßt, oan vo dir
und net den mein´.

Woaßt: Zwengs da Überraschung.